Er cof am Mari.
Diolch am ei chwmni.

RHAGAIR

Braf iawn yw gweld y casgliad hwn, er gwaethaf un o'm gelynion mwyaf, sef amser, wedi ei gorlannu rhwng y cloriau yma. Wrth daro llygad dros y dywediadau, mae llawer ohonynt yn dod ag atgofion melys am y sawl a oedd yn eu harfer (amryw byd ysywaeth heb fod yma bellach) ac y cyfoethogwyd fy mywyd drwy eu hadnabod mewn gwaith a gŵyl. Mae gennyf barch a chariad mawr at y gair ysgrifenedig gan ei fod yn goroesi'r awdur ac yn rhoddi pleser, gobeithio, i genhedlaeth arall. Roedd yr awydd i gofnodi'r dywediadau hyn yn fy mynwes ers blynyddoedd, ond rhaid diolch i'r papur bro **Y Ddolen** am roi sbardun i mi eu rhoi ar bapur pan wahoddwyd y darllenwyr i wneud casgliad o'r math hwn.

Ymgais sydd yma i groniclo, ac nid at waith ysgolheigaidd. Er bod y gannwyll wedi bod yn llosgi'n o hwyr ambell noson cefais flas ar y gwaith, y casglu a'r trefnu, yn ôl cerdd Syr T.H. Parry-Williams, 'Geiriau':

> 'Ond wrth ymyrraeth â chwi oll ac un
> Mi gefais gip ar f'anian i fy hun.'

Mae llawer o beth a alwaf yn 'Gymraeg trefol' yn cael ei siarad gan bobl heddiw. Er ei fod, efallai, yn gywir mae'n ddi-idiom a chignoeth, ac yn taro'n galed ar y glust. Mawr hyderaf y treiddia peth o gynnwys y llyfryn hwn i liwio eu hiaith. Mae llawer o gynnwys y llyfryn hwn ar fynd ar goll oherwydd bod y gorchwyl y maent yn gysylltiedig ag ef wedi darfod, ein ffordd o fyw wedi newid, ac efallai hefyd ein ffordd o feddwl, ffordd oedd yn gwneud cymeriadau gwreiddiol sydd â'u dywediadau ffraeth yn dal yn fyw heddiw er bod eu hawduron wedi cilio o'n plith ers blynyddoedd.

Clywais y rhan helaethaf o'r idiomau hyn o fewn ardaloedd Ponterwyd, Pontarfynach a Chwmystwyth ond mae yma rai o gylchoedd cyfagos wedi'u cofnodi oherwydd fy mod yn credu eu bod yn drawiadol, a hefyd i sicrhau eu bod ar ddu

DIM OND PEN GAIR

Casgliad o ddywediadau Ceredigion

Erwyd Howells

Cyhoeddwyd gan Gymdeithas Lyfrau Ceredigion
Rhagfyr 1990

Argraffiad newydd: Mehefin 1991

ISBN: 0 948930 90 X

Llun y clawr: Ian Sant
Dylunio: Sarah Durnford
Argraffwyr: Cambrian News
Paratoi'r deunydd ar gyfer y wasg: Siân Owen

a gwyn er mwyn eu diogelu. Beth am deitl? Roedd bron yn rheidrwydd iddo fod yn idiom, ond prun? Wel, dyma setlo ar 'Dim ond pen gair' sef nad wyf wedi cael y stori i gyd gan fod, rwy'n siŵr, lawer eto heb eu cofnodi. Clywais y dywediad yma gan Mr Jenkin Morris, Llety-llwyd, Tal-y-bont, a fagwyd yn Aber-nant, Cwm Rheidol, ger glan yr afon sydd yn tarddu o fewn fy milltir sgwâr. Fy niolch iddo.

Bûm mor hy â cheisio yn Eisteddfod Y Rhyl gyda rhan o'r casgliad hwn, nid yn llwyddiannus mae arna'i ofn, ond roedd yn rhaid (meistr caled yw rhaid cofiwch!) rhoi'r casgliad gwreiddiol mewn trefn a dymunaf ddatgan diolch o galon i Mrs Mair England, Llandre, am wneud synnwyr o'r bagle brain a alwaf yn llawysgrifen. Mae llawer un wedi cael medal am wneud llai rwy'n siŵr!

Y cam mawr nesaf oedd cael y cyfan ar wyrth o declyn a elwir yn air-brosesydd, a diolch yn barchus i Bill Howarth a'i wraig Ann o Dolcniw, Capel Bangor, am eu hamynedd a'u croeso. O ystyried mai ar garreg wastad gyda chynhorthwy stapal neu hoelen y cofnodwyd llawer o'r dywediadau hyn pan oeddynt yn dod i'r cof wrth ddilyn fy ngorchwylion beunyddiol, mi roedd hwn yn gam mawr. Mae Bill yn ddarlithydd yn y Gyfraith ac yn gwneud ymdrech lew i ddysgu Cymraeg.

Er bod gennyf le i ddiolch i lawer am eu cyfraniad, diolchaf yn arbennig i 'nhad a'm mam, sef John ac Elsa Howells, Dolcarne, Ponterwyd, a hefyd i fy modryb Miss Ethel Mason, Glanfedw, Pontarfynach am gymorth amhrisiadwy. Teimlaf fy mod yn ffodus o fod wedi cael fy ngeni o fewn teulu ac ardal sydd wedi gweld gwerth yn y 'pethe' a hefyd mewn cyfnod pan oedd modd rhannu sgwrs a gwaith gyda'r 'hen do' o bobl.

Dymunaf ddiolch hefyd i'r Ganolfan Astudiaethau Addysg, Aberystwyth, am y gwaith o baratoi'r llyfryn hwn, ac i Gymdeithas Lyfrau Ceredigion am weld yn dda i'w gyhoeddi.

Yn olaf, ond yn bell o fod yn lleiaf, dymunaf ddiolch i Dafydd a Rhiannon Ifans, Rhandir, Penrhyn-coch am 'guddio meiau rhag y werin' drwy ddarllen a chywiro'r gwaith yma o'r cychwyn cyntaf.

Gan fawr obeithio y bydd yr hyn a ganlyn wrth eich bodd.

Erwyd Howells

CYNNWYS

TYWYDD

GLAW

Briwlan bwrw glaw mân

**Bwa'r arch y bore,
Aml gawode**

Bwrw fel bysedd; stodio bwrw; pistillo'r glaw
bwrw'n drwm

Cawodydd croesion *scattered showers*

Cau iddi pan fydd yn bwrw glaw neu eira yn drwm a dim
argoel o wella'n fuan

Digon i bydru cerrig wedi glawio llawer

Dobio curo, e.e. glaw yn dobio ar y ffenest (efallai o'r
Saesneg *daub*)

**Glaw dydd Sadwrn
Glaw at yr asgwrn**

**Glaw mis Mai
I ladd y llau** yn ymwneud â llau ar anifeiliaid

Gwenyn yn mela yn gynnar ar fore oer coel sicr o law y
prynhawn

Lleuad wedi boddi lleuad â nydden o niwl drosti: coel o
law cyn y bore

Niwl o'r môr, glaw ar ei ôl

**Os bydd ieir yn rhedeg i lechu (mochel) ar law, dim ond
cawod sydd i fod; os byddant yn aros allan, gellir disgwyl
y bydd yn glawio am amser**

Os collir y glaw o'r Dwyrain y daw

**Pan fo cysgodion yn 'cerdded' ar hyd y mynyddoedd 'does
dim llawer o law i fod**

Smwc glaw mân

1

Taranau yn yr Hydref gaeaf gwlyb

Twll y glaw y De

Yn dorrog o fwrw glaw neu eira yn edrych yn debyg i law
neu eira

GWYNT

Cyrin gwynt neu law nerthol, sydyn ond heb bara yn hir

Gwynt traed y meirw gwynt o'r Dwyrain

Gwynt nos cyn Calangaeaf: lle bynnag y bydd y gwynt nos
cyn Calangaeaf (h.y. nos y deuddegfed o Dachwedd) fe
ddaw o'r cyfeiriad hwnnw yn aml am y tri mis dilynol

Gwynt y glaw gwynt y De

Yn nannedd y gwynt lle noeth, digysgod

EIRA

Calch dyn tlawd eira

Eira cyn Calangaeaf i wrthylu'r gaeaf

Eira mân, eira mawr

Ffliwchen ychydig o eira

Gaeaf agored; daear rydd gaeaf heb lawer o rew ac eira

Snoched trwch o eira, hefyd snoched o annwyd — annwyd
trwm iawn

Yn taenu gwely i eira edrych yn debyg i eira

BARRUG A RHEW

Dagrau ar ddrain yn y gaeaf yn darogan rhew

O farrug i wynt, o wynt i law un o'r sicraf o'r coelion

Plwmen o rew *sheet* o rew ar draws ffordd neu gae

Rhewi'n gorn; rhewi'n stania yn galed

TYWYDD SYCH

Ar dywydd sych dywedir bod pawb eisiau dŵr a neb eisiau glaw

Brythin ysbaid sych ar ddiwrnod gwlyb

Lleuad y medrwch hongian eich het arni lleuad sych

Tywyll fôr ac eglur fynydd
Sych fydd cerrig yr afonydd

CYFFREDINOL

Gaeaf glas, mynwent fras

Lleuad ar ei chryfder dylai cywion ddeor pan fo'r lleuad ar
ei chryfder

Lleuad newydd dynoda anlwc os gwelir lleuad newydd
drwy ffenestr

Llwynog o ddiwrnod diwrnod braf yng nghanol tywydd
garw neu oer nad oes para iddo

Mae cathod yn chwareus o flaen storm

Niwl mis Mawrth
Rhew mis Ebrill

Os Mawrth a ladd
Ebrill a fling
Rhwng y ddau
Ni chedwir dim

Traeth awyr *Mackerel sky*

Tywydd yn garwino yn arw neu'n gwaethygu

Tywydd mwll clòs, trymaidd

Yng nghil haul lle nad yw'n cael yr haul drwy'r dydd yn y
gaeaf

Yn llygad yr haul man braf, yn Saesneg *sun-trap*

3

ANIFEILIAID

CATHOD A CHŴN

Cath wryw drilliw yn brin iawn

Ci â chlust dda un yn ymateb yn dda i orchymyn

Ci â dau bâr o lygaid smotyn brown oddi ar y ddwy lygad

Ci llaith ci yn gweithio ymhell ac yn trafod defaid yn ffein

Ci llathen croes o gi defaid a chorgi, ci isel, hir, defnyddiol efo gwartheg ac i annos defaid (cwrsio)

Ci târ ci powld

Mae ei dda a'i ddrwg mewn ci bach

Mae naw chwythad mewn cath

Rhwng y cŵn a'r brain wedi'i ddarnio neu wedi'i wneud yn ddiwerth

CEFFYLAU

Ceffyl 'â gwaelod da' hefo carnau o ansawdd da

Wing natur anwadal: 'caseg â wing arni'

DEFAID

Brefu fel arthes dafad yn brefu'n gras ar ôl colli oen

Cwls *cullings* cwls ŵyn neu fogiaid h.y. y rhai salaf

Defaid Baal defaid Jacob

Gelyn mwyaf dafad yw dafad arall

Ni ddylai defaid glywed cloch y llan o'r un cae fwy na dwywaith h.y. mae'n lles newid eu porfa

Nid yw dafad sy'n edrych arnoch chi ddim gwerth edrych arni h.y. os yn iach a heini mae dafad yn rhedeg i ffwrdd

Wedi bwrw'i llawes *prolapse of the cervix*

Wedi bwrw'i mamog *prolapse of the womb*

GWARTHEG

Buwch â'i hesgyrn *(Ischiatic ligament)* **yn pantu** (suddo)   yn agos i loio

Buwch â'i phiw (cadair neu bwrs) **yn dwddi**   yn llenwi cyn lloio

Buwch ar ben llo   buwch ar ben ei hamser

Cymwys   cais i fuwch symud

Hw morwm i!   galwad ar fuwch

GWYDDAU A MOCH

Clust mochyn: defnyddid clust y mochyn yn lle'r llaw i ddal yr halen wrth ei halltu

Hen glagwydd a gŵydd ifanc i gael stoc   defnyddir yr idiom yma pan fydd gŵr mewn oed yn priodi merch ifanc

Pluen saim: arferid tynnu'r bluen saim ar ŵydd cyn ei rhoi i mewn i besgi

CYFFREDINOL

Ceffyl yn corsio   ceffyl yn methu dod o le meddal

'Fanjer': dywedir am greadur tenau fod ei 'fanjer' yn uchel; hefyd ei fod fel beic

Ffrwythlondeb anifeiliaid   ar yr adeg yma mae: **caseg yn farchus; buwch yn mosod — gofyn tarw; ast yn cwna, neu'n boeth; cath yn cwrcatha; ceiliog yn sathru; hyrddod yn rhydio**

Pan fyddai holi am greadur a oedd wedi trigo, dywedid bod y *Dealer* **Mawr wedi bod heibio**

Wedi crabio   am anifail heb gael maeth ar yr adeg iawn, *stunted growth*

Wedi harpo   anifail wedi gwaethygu yn ei gyflwr

5

GEIRFA

Abo ysglyfaeth

Âd y pen neu'r corun: 'Mae'n âd i'n oer'

Adfach *barb*, megis ar fach pysgota, gaff, neu fachyn gwair; defnyddid yr olaf i dynnu gwair o'r wisgon

Adfawn mawn o gynhaeaf y flwyddyn flaenorol

Afu'r gath chwarren ddu anifail, *spleen*

Alsen alsen o bren, efallai o'r gair 'railsen', *rail*

Analler analluog

Arian gloywon; arian gwynion; arian gleision *silver coins*

Arian sychion arian parod

Balyn gwyn *blaze* ar wyneb ceffyl

Barbali siarad yn ddi-daw

Barwm rhwymyn am fol a bogel baban

Becso gofidio

Bodo hen fodryb, modryb i riant, *Great Aunt*

Bostwn gweler **Thalwm**

Brathu siarad ar draws rhywun arall. Dywedir hefyd 'Paid â brathu (datgelu cyfrinach) am y peth a'r peth.' Hefyd **brathu mochyn** am drywanu mochyn i'w ladd

Brwcsod gair i ddisgrifio pobl sy'n arw eu ffordd a'u gwisg — **brwcsyn** am wryw, **brwcsen** am fenyw. Fe'i defnyddir hefyd i ddisgrifio anifail wedi cael magwraeth wael, yn enwedig os yw ei flew neu ei wlân yn hir

Bwcïen lamp â golau gwael (amrywiad ar 'magïen' *glow-worm*)

Bwllwch bwci, bwbach

6

Bwmbel bôn y goes, clun; asgwrn y bwmbel — yr asgwrn a dynnid o goes ôl mochyn wrth halltu *acetabulum*

Bwyall risglo *adze*

Cadair gwialen denau a roed ar goes pladur i gadw'r ŷd yn drefnus wrth ei dorri

Cae heter cae tri-chornel

Caib feti caib un pigyn i gloddio

Camdwll os bydd rhywun yn tagu wrth ei fwyd dywedir bod bwyd wedi mynd i'w gamdwll. Cyfeirir ato hefyd fel **twll caws**

Can *dandruff*

Cancre clymau mewn gwallt

Canhwyllarn teclyn haearn i ddal cannwyll

Canhwyllbren teclyn pren i ddal cannwyll

Cantel ymyl het, *brim*

Cardie ôl llosg, fel rheol ar goesau drwy fod ormod ar bwys y tân

Caren gwraig oedrannus: 'Pwy oedd yr hen garen yna 'te?'

Casin *casing*. Casin (clawr) llyfr; casin gwelle; cas cadw iawn ar hwn a hwn — golwg raenus iawn ar ddyn neu anifail

Cat cat (darn) o bren, rhaff neu gortyn; cat go lew o ffordd i'r lle a'r lle (tipyn o bellter), weithiau 'cetyn go lew'

Cec, cyfarth, hoch llysenwau am beswch

Ceiliog ac iâr pen torri haearn mawn

Cennin syfi neu **dragwyddol** *chives*

Ciltyn tafell o fara

7

Ciwana o'r gair *guana*, dom adar o Periw a gariwyd i'r wlad hon fel gwrtaith

Ciwga yr offeryn *Jew's* neu *jaw's harp*

Ciwto gwella ar ôl salwch: 'Mae hi'n dechrau ciwto nawr'

Clafangc haint neu glefyd

Clag llysenw am wddf

Clambrennog disgrifiad o ddynes fawr, afrosgo: 'Hen globen fawr glambrennog'

Clampars annibendod

Clap bryn bach neu godiad mewn tir; lwmp ar ddyn neu anifail: 'Beth yw'r clap 'na ar goes yr ast?'; clap o lo

Clariwns; bwliwns; carlibwns syrthio neu wrthdaro'n swnllyd

Claspin hen enw ar *safety pin*

Cleber wast siarad lol

Cledren pren a ddaliai'r aerwy (cadwyn o gwmpas gwddf y fuwch) yn y beudy

Clicied yr ên yr ên isaf

Clopa pen hoelen; crib ceiliog neu iâr; llysenw am y pen

Cloren cnawd ac asgwrn y gynffon

Closet tŷ bach ar waelod yr ardd

Cnenci/cnengast am berson sydd yn barod i dynnu cynnen

Cocyn coch *piggy back*

Coden darn o oren

Codlach cymysgwch o fwyd neu ddiod (*concoction*)

Côr y rhaniad rhwng y gwartheg a'r bing (*feedpassage*) mewn beudy

Corlac fel *Dutch hoe* ond yn haearn i gyd i grafu'r tân o ffwrn wal, o'r Saesneg *coal-rake*

Corn rholyn o bapur wal

Cortyn siwgr cortyn gwyn, tenau a ddefnyddid 'slawer dydd i glymu cydau siwgr ar ôl eu pwyso

Corwg celain anifail

Crap ar stori heb ei chlywed i gyd

Crapach pan fo'r dwylo wedi mynd yn ddiffrwyth gan oerfel

Criedd am rywun annwyl, di-dwyll (amrywiad ar 'caruaidd')

Crofen croen trwchus ar hylif h.y. oherwydd ei fod yn hen; trwch o faw ar berson; y croen sydd yn dod i ffwrdd wrth sgaldio mochyn

Crwmp dyn annifyr: 'yr hen grwmp'. Hefyd, 'wedi cael rhywbeth ar grwmp fy nhin' (*bow back*), efallai o *crupper*

Cwapars *trimmings*

Cwnji tipyn o *science* ynglŷn â gwaith

Cwrcwd; cwrwm dyn yn mynd yn ei gwrcwd neu gwrwm — yn wargam a llechwraidd

Cymyche ystumiau gyda'r corff

Cymyrcyn yn analluog yn gorfforol, yn anabl

Cyn dilywied rhywbeth hen iawn, *pre-deluvians*

Dafaden wyllt *rodent ulcer*

Dalen gwisg am berfedd anifail a ddefnyddid o amgylch *faggots*

Dici enw ar gist (*boot*) car

Diwedws am berson heb fawr i'w ddweud

9

Dolur rhydd; y bib wyllt; pyrjo *(purge)*; **cachu drwy lygad nodwydd** *diarrhoea*

Eil *lean to* ar dŷ

Eithin gwâr eithin mynydd cynhenid, gwahanol i eithin coes-hir

Euclid rhywbeth anodd iawn ei ddeall. Awdur Groegaidd oedd Euclid

Ffaten gwraig fer, dew

Ffedog fras ffedog wedi ei gwneud o sach ar gyfer gweithio

Fflachar am berson gwan, gwael, neu un yn rhoi i mewn yn ormodol i anhwylder

Fflechen llwfrgi

Ffrwcs anialwch megis llysiau gwyllt, chwyn a.y.b.

Ffwrn dân padell â chaead o haearn bwrw a roed mewn tân yn gyfan gwbl

Ffyrlincan hopian, anhawster wrth gerdded

Galosus *braces* i ddal trowsus i fyny

Garglwm llinyn a roed am goes ci i'w arafu

Glasddwr dŵr a llaeth

Golchan dŵr a ddefnyddid i olchi llestri ac ati ac a ddefnyddid wedyn at fwyd y moch

Golocs golosg, bonion eithin

Golwyth melys *fillet of pork*

Grwn torrid cae i'w droi yn rynnau er hwylustod. Rhych — rhwng pob grwn. Clywais 'gafel' hefyd am grwn. Dywedir 'hen afael hir' h.y. wedi derbyn gormod o waith, neu'r gwaith ddim yn dod i ben

10

Gwair cwta gwair rhos, *Molina grass* — roedd yn fantais i'w dorri cyn i'r gwlith godi gan ei fod yn wydn iawn

Gwasgod wlanen yr hen enw am *vest*

Gwegil bwyall y pen heb fin

Gwêr manllwn y gwêr o amgylch yr aren ar lwdn a doddid i'w roi ar esgidiau h.y. gwêr mân lwdn

Gwyfoni am flawd sy'n mynd yn hen — fe fydd cynrhon gwyfynod ynddo

Gytrin gwaetha'r modd: 'Gytrin na ches i ddim amser'

Harin casáu rhyw orchwyl neu berson: 'Dwi'n harin gwneud hyn'

Harn-nodi nôd wedi ei serio gan haearn poeth ar drwyn dafad

Hen gono tipyn o wag; un na ellir dibynnu arno bob amser

Herc cloffni

Hidlo y broses o roi llaeth neu hylif drwy *strainer* neu fwslin

Hual *hobbles* (llyffethair) am geffyl neu ddafad

Hylog tomen o wastraff cerrig o waith mwyn, neu bentwr anferth o gerrig. Yn ôl y diweddar R.J. Thomas daw o'r Saesneg *hillock*

Hylltod llawer o bethau

Hyllu gweiddi'n gas

Iôc *yoke*, darn o bren ar ffurf 'Y' a roed am wddf dafad i'w rhwystro rhag dianc drwy shetin

Iorcs llinyn i glymu coesau trowsus i'w gadw o'r baw

Jag; jagyn llwyth bach mewn cerbyd: 'Cer i moyn jag o goed tân yn y gart'

Jimo edrych ar rywbeth neu rywun yn fanwl, *examine*

11

Lachio rhoi cosfa

Lardio rhwbio mewn rhywbeth bawlyd neu seimllyd

Lelo yn wirion, yn wan ei feddwl

Loncian rhywbeth yn loncian — yn rhydd neu'n llac

Los ffurf fer ar y gair 'lodes'

Lowshed twll awyr mewn adeiladau fferm

Lwnd rhoi lwnd i rywbeth, h.y. ei daflu

Llarp o rywbeth rhan ohono; llarp o hogyn, hanner maint

Llethrod mawn mân ar waelod y bwced

Llio llyfu

Llipryn dyn main

Llondred hyd at orlawn

Llwyd y rhych carreg wedi ei threiglo yn Oes yr Iâ fel nad oes iddi gorneli miniog — mae'n galed iawn a bron yn amhosib ei thorri

Llyngwn; llynga; llyngwch gollwng

Llymane ystumiau â'r wyneb

Llynwen pwll bach o ddŵr

Mam wen llysfam

Masgal; masgl y bilen wen rhwng gwyn a phlisg ŵy — defnyddiwyd fel *poultice* i dynnu drain

Matgorn y darn byw o'r tu mewn i gorn anifail

Mathar ôl troedio trwm lleidiog: 'tipyn o fathar ambyti ceg twll llwynog' — yn dynodi bod amryw o rai bach yno

Meddalwy ŵy heb blisg

Menu effeithio neu amharu: 'Dim byd yn menu arno fe'

Mwnglins addurniadau neu *jewellery*

Mwydyn enw ar yr edau ar flaen ebill

Nâd wedi dysgu arferiad drwg, wedi cael nâd

Nafel ymhel efo'r dwylo

Naill lygad anifail neu ddyn wedi colli un llygad

Nam cyn geni man geni, *birthmark*

Newni sythu neu wneud yn syth, unioni

Now(s) mympwy: 'Mae e wedi cael rhyw now i wneud y
peth a'r peth.' Defnyddir y gair yn wawdlyd ar
brydiau

Odart (godart) cwpan mawr o bren neu dun i godi dŵr o'r
bwced i'r tegell, cyn oes y tap dŵr

Oliwns sbarion bwyd

Pabwr y llinyn mewn cannwyll: rhoi mwy o babwr —
mwy o nerth neu rym

Pacloth sach wlân (*pack-cloth*)

Pair crochan mawr i ferwi dŵr, wedi ei osod mewn cerrig
fel rheol a thân tano

Palfas ysgwydd anifail

Palis pared tenau mewn tŷ i rannu ystafelloedd

Panso mynd i drafferth wrth wneud gwaith er mwyn
sicrhau safon

Paten rhoi paten o sment ar dwll, paten o ddom da

Pecial *burp*

Pelio mynd ati o ddifrif: yn pelio i mewn i fwyd; yn pelio i
mewn i waith; yn pelio i mewn i rywun, e.e. wrth
ymladd

Penci dyn stwbwrn

Pendwmpian hanner cysgu

Penddu 'Mae hi'n edrych braidd yn benddu' — yn debyg i storm

Peniwnis rhywun gyda syniadau styfnig ei hunan

Pingo ffrwythlon: 'Mae'r coed yma yn pingo o gyrens duon'

Pitfal man bawlyd

Piw cadair neu bwrs anifail

Prwpian torri gwynt

Pŵd casgliad o ddŵr o dan ên dafad sydd yn dioddef o *fluke*

Pwdlac pwdel; baw

Pytie mawn; duon mawn mawn byr ar waelod y pwll

Raper fedydd *wrapper*, gŵn i fedyddio baban

Rongle nam ar lygaid dafad, tebyg i *New Forest Disease*

Rhaban pantle cul ar fynydd

Rhaflo o *unravel*

Rhap *rip*: 'Mae rhap yn dy drowsus di'

Rheffyn dyn drygionus, direidus

Rhemp yn wyllt neu'n afreolus: 'wedi mynd yn rhemp'

Rhencian gwenwyno, *nagging*

Rhewyn ffôs i gario dŵr

Rhoch blas neu arogl cryf

Rhuddgoch coch tywyll

Ric *hiccups*

Sabwrtho cam-drin; ysigo (ar ôl cwymp)

Seso edrych yn hir, syllu (efallai o *assess*)

Sgabo gadael rhywbeth allan neu heb ei wneud

Sgaprwyth i ddisgrifio person sydd yn gwneud ei waith yn sydyn a di-lol. Cawodydd sgaprwyth — sydyn

Sgardyn fflewyn, *splinter*

Sgathru anifail yn sgathru (colli) ei flew gaeaf

Sgorio 'Mae hon a hon yn dechrau sgorio' — yn mynd i edrych yn hen, yn deillio o'r ffaith bod buwch yn magu cylchoedd ar ei chyrn pan fo'n heneiddio, a'r rhain sy'n cadw sgôr o'i hoed

Sgrinco croen yn sgrinco; gwynt, oerfel, neu ddilledyn yn gwneud dolur wrth rwbio, **tarigo** yn y de, *chafe* yn Saesneg

Sgripsyn dim sgripsyn ar ôl, dim yw dim, hefyd dim ôl

Sgrybish teimlo'n oer iawn

Sgrydie teimlad iasoer, *shivers*

Sgwlc, sgwlca Mynd â rhywbeth ar y slei, cyfeiriad at fwyd ran fynychaf

Sgymin yn egar: hwn neu hon yn sgymin am waith

Sgyren dynes denau, siarp; dafad neu fuwch denau — term benywaidd

Sheni cwpwrdd sheni (*china*); y peth a'r peth yn sheni — yn fregus

Shespin *shoehorn*

Shitrwns yfflon

Shodin symud shodin h.y. ychydig, efallai o'r Saesneg *shade*

Shompol am rywbeth mae'n gas ei weld. 'Tasc chi'n gweld golwg 'i wartheg e, ro'en nhw'n shompol'

15

Shoncen, shani, shobet organ rywiol *(vagina)* merch neu anifail benyw

Sincin bara llaeth. Dywedir hefyd 'sincin esmwyth'

Siôn segur teclyn i ddal cannwyll frwyn

Slangen darn hirfain o dir

Slingar rhywun tal â thipyn o gyrraedd

Slontian colli rhywbeth dros ochr bwced neu lestr

Slwmp dogn fach o rywbeth gwlyb

Snachu torri; heb fod yn doriad glân, yn anniben

Snoden llifeiriant o'r trwyn

Sodren y pant mewn beudy i ddal y dom a'r biswail

Spande *cuffs* crys a.y.b.

Spondiwlics pres, arian

Spralen dafad wedi colli rhan neu'r cyfan o'i gwlân

Spriwis i ddisgrifio person sionc, ystwyth. Efallai o'r Saesneg *spruce*

Stabal lle mae traed anifail neu ddyn wedi gwneud llawer o ôl. Defnyddir **stablan** am y weithred

Stanc polyn neu bwysau i glymu anifail wrtho. Dyn wrth y stanc — yn gaeth wrth waith neu sefyllfa

Steiso anifail, fel rheol, wedi gwaelu'n arw *(emaciated)*, o'r gair 'staes'

Stelcian gwastraffu amser

Stond casgen i gadw pob math o wastraff i'r moch

Strancie; strancio plentyn yn cael *tantrums*; anifail yn gwrthod cymryd ei dywys

Striblin rhywbeth main, hir. Hefyd i ddisgrifio dyn main neu laslanc *(stripling)*

Stric tro gyda'r oged, dau stric — dau dro a.y.b.

Stumio wedi plygu, wedi mynd allan o siap: 'Mae rhywun wedi stumio'r bladur 'ma'

Stwc cafn mawr o bren, haearn neu garreg i ddal dŵr; stwc dipio (i drochi defaid)

Swang shetin lac, hirwan

Swpial *to sup*

Swrth dyn neu anifail yn cael trafferth i symud

Syci gwthio rhywbeth i mewn

Syrgi dyn cecrus, cwerylgar

Sywenta ci yn sywenta, h.y. yn dilyn pob trywydd, difater o'i waith. Yn sir Drefaldwyn defnyddir y gair 'sprotian'

Tac; tacio 'un tac bach eto' symud tractor neu gar yn ôl ac ymlaen er mwy cyrraedd nod arbennig; ail-dac, aildacio yn y gogledd. Term morwrol, *tacking*

Tampan 'Hwn neu hon yn tampan', yn grac iawn

Tân eiddew *erysipelas*, anhwylder poenus iawn ar y croen, yn enwedig ar yr wyneb a'r gwddf

Tanfa tanfa o frwyn, h.y. darn helaeth wedi ei orchuddio â brwyn ar fynydd glân

Tarad ebill â choes hir, a llygad ar ei ben

Tarth niwl sydd yn dilyn afon

Tawch arogl annifyr

Temprus yn gras (dillad)

Timpen pen-ôl

Tincial godro ychydig, e.e. pan fydd buwch ar fin hesbu (efallai o'r tincial mae'r ychydig yn ei wneud ar waelod bwced)

Tin-droi methu penderfynu mynd, neu i wneud rhywbeth

Tolio arbed, neu gynilo

Trape duon tyllau ar fynydd lle mae'r mawn wedi'i erydu gan wynt neu law

Tratin ôl tramwy anifail

Trihannerblwydd eidion neu heffer deunaw mis oed; dyniawed yn sir Drefaldwyn

Tro marw e.e. ar ôl rhoi rhaff am goeden unwaith, rhoi'r tro wedyn (y tro marw)

Trontol dolen cwpan neu debot

Tropas huddygl

Trwca padell gron, ddofn i ddal y menyn ar ôl dod allan o'r fuddai. Yn hon y byddid yn **cwyro'r menyn**. Enw arall arni yw **noe**

Twca enw ar gyllell, fwy na heb at dorri cig

Twtian gwneud *odd jobs*

Thalwm; bostwn clefyd ar fysedd, *whitlow*

Wep wyneb

Whipsgar ar frys, *willy nilly*

Whit-a-weri person di-ddal

Whithrwch peth tenau, gwan, gwael

Whilbawa edrych am rywbeth amhendant; gwneud dim llawer o ddim i basio'r amser

Whiwial cyhwfan, chwifio yn y gwynt

Wic 'Mae 'na ryw wic ar hwnco' — rhyw wiriondeb

Widlwm dyn di-briod

Wimbil croen sydd yn torri ar waelod ewinedd y llaw

Winfedd (ewinfedd) trwch ewin; 'symud y winfedd leia'

Wisgon *stack* o wair neu goed

Ŵy addod ŵy ffug sydd yn cael ei adael yn y nyth er denu'r ieir i ddodwy

Ymrythu gwthio: defaid yn 'mrythu' drwy shetin; dyn yn mynd trwy le dyrys

Yr Allor Sêt Fawr mewn capel

CYMARIAETHAU

'Bill' fel ffedog *bill* (dyled) mawr

Fel bache crochan am ddyn neu ddynes â choesau cam

Fel bagle brain; fel weiar bigog am ysgrifen wael

Fel breci (cwrw newydd heb eplesu, trwyth brag) am de
cryf iawn; bwrw'i ffrwyth am de yn stwytho

Fel broga wedi bod mewn injan wair am rywun cloff

Fel buwch dros y bing am swej am un sy'n glafoerio

Fel byrbwch; fel penbwl dyn yn bwrw yn ei flaen heb
ystyried

Fel byw llygad am fan tyner

Fel cannwyll frwyn am ddyn main; fel pabwynyn neu fel
pabwynen am ddynes fain; fel rhaca; fel rhip (pren rhip
pladur); fel sgythwr; fel styllen; fel tase fe'n bwyta gwellt
ei wely

Fel cath ar oilcloth; fel cath rhwng dau ddrws; fel croesad
rhwng milgi a mellten; fel cwningen rhwng dau dwll; fel
ergyd o wn; fel huddug i botes; fel mellten; fel petai'r
diawl ei hunan ar ei gefen; fel wenci am rywbeth cyflym

Fel ceffyl dall un yn creu blerwch wrth gerdded

Fel ceiliog wedi torri'i ben rhywun yn rhedeg yn wyllt o
un man i'r llall

Fel ci; sâl fel ci; wedi blino fel ci

Fel ci 'sweep' digywilydd

Fel cledde ofni rhywbeth 'fel cledde'

Fel clotshen; yn fflachtar cwympo

Fel clwtyn llestri yn wael, wan, neu ddi-hwyl

Fel coes ôl ci rhywbeth yn gam

Fel cwdyn copras am rywbeth gwan, diwerth, dibwys

Fel cyw'r ŵydd yn ddedwydd braf

Fel drws sgubor am geg fawr

Fel dynes feichiog; fel heddi a fory; rhy ara i ddal annwyd person araf

Fel ffactri bupur neu **gotwm** am un yn siarad pymtheg i'r dwsin

Fel ffair am le prysur neu swnllyd

Fel gwadden; fel afal; fel hwdwch; yn chwythu fel bâdd; chicsen (ochr pen mochyn) dda arno; fel mwdwl; yn dew fel mwd; eisiau codi ei fanjer; wedi cael ei fagu'n swci; yr un hyd a lled; fel casgen; wedi cael lot o hufen yn fabi; ddim wedi bod yn bell o'r manjer; mynydd o ddyn; yn rholyn; yn llond ei groen dyn tew

Fel gwagar cof drwg

Fel gwynt y bore am berson di-ddal

Fel haul haf person diwylltio

Fel hwch mewn cwdyn stamp (math o ddefnydd); **fel tase nhw am goes picwarch** dillad yn llac am berson

Fel lleder tapo (ar gyfer trwsio esgidiau); **fel asgwrn; fel carreg; fel haearn** caled

Fel llew; fel arth; fel tanc; fel ceffyl dyn cryf

Fel llo heb ei lyfu rhywun difywyd, araf, smala

Fel llo mewn sodren am un sy'n cael anhawster i sefyll ar ei draed neu ar le llithrig

Fel llo'n brefu mewn bwced; fel rasp ar shitsen 'zinc' am rywun â llais cras

Fel llwybr tarw yn syth

Fel llyffant mewn casgen dar *(tar)* am rywun trwsgl

21

Fel llygoden ffyrnig (Ffrengig) ar ben sach fflwr yn hapus iawn neu ar ben ei ddigon

Fel mam cŵn bach am ddynes groendenau

Fel meipen; wedi mynd i mewn efo'r bara ac allan efo'r 'cakes'; fel buddai gnoc; heb fod yn llawn llathen; heb fod ym mhen draw'r ffwrn; heb ei bobi; yn ysgafn o'r ysgwydd fyny; ddim yn iawn yn ei shôl; fel lantar-liwt (o anterliwt); **gwahanol i bawb arall; fel hat** (sonnir bod hetwyr yn fwy tueddol o wendid meddwl oherwydd cyffur a ddefnyddient); **hen ffolant; fel ceit; dim llawer yn yr oruwch; hanner pan** dyn neu ddynes yn wan eu meddwl

Fel mochyn am sŵn bwced gwrando'n astud

Fel nedd ar gefen mwnci am rif mawr o bobl, anifeiliaid neu bethau

Fel papur llwyd *brown paper* am rywbeth tenau a brau

Fel pelen lard yn foel fel pelen lard. Arferid arllwys toddion cig y mochyn i'r bledren felly byddai'n grwn a glân

Fel pelican am ddyn ar ei ben ei hunan

Fel perfedd mochyn driphlith-draphlith, yn gawdel gwyllt

Fel pin mewn papur yn berffaith lân neu daclus

Fel pwll y môr am beth dwfn neu ddiwaelod

Fel robin goch mewn toes wrth ymhel neu gerdded mewn rhywbeth gludiog

Fel sgubor am dŷ oer

Fel stenyn cŵyr am berson nad yw'n gymeriad solet, h.y. mae'r cŵyr yn hawdd ei dorri (stenyn cŵyr at waith y sadler a'r crydd)

Fel swllt: yn lân fel swllt; yn lân fel y lamp

Fel tân ar ei groen e gorchwyl neu destun sydd yn cythruddo person

Fel tant yn dynn fel tant

Fel 'tase dyn mewn ffwrn dân am le poeth

Fel 'tase fe'n cerdded ar wyau am un yn cerdded yn ofalus neu'n *sedate*

Fel 'tase fe'n dod o'r nefoedd yn rhad ac yn rhwydd (fel y manna gynt)

Fel 'tase fe wedi bod drwy'r drain dyn aflêr

Fel 'tase fe wedi llyncu ffwlbart a hwnnw â'i din fyny am rywun ag anadl drewllyd

Fel 'tase llyngyr arno am rywun aflonydd

Fel 'tase pobl ddall wedi'i chodi wedi nos am ffens anniben

Fel 'taset ti wedi bod yn sugno'r hwch wrth blentyn sydd â'i wyneb yn fudr

Fel twrch cysgu'n drwm

Fel whilpin *(wheelpin)* am ddyn wedi meddwi

Fel winwnsyn am un â sawl trwch o ddillad amdano

Fel y botel dal dŵr fel y botel, yn ddiogel

Fel y dur yn dda neu yn dynn

Mor dwp â llo

Mor ddi-droi'n-ôl â dyfrgi am berson penderfynol

Mor ddi-ddal â phen-ôl babi

Mor ddiegwyddor â chi *(dog)*

Mor ddierth â'r Aifft am le dieithr

Mor ddiwerth â phoced *watch* **i lyffant**

Mor naturiol â dŵr i afon

Mor onest â'r dydd

Tatws fel dy sgidie di am datws mawr

Yn boeth fel heter

Yn brin fel aur; yn brin fel pupur

Yn bwyta fel ceffyl

Yn chwerw fel bustl *(bile)*

Yn cynhenna (ffraeo) fel dau dincer; fel ci a hwch

Yn dawel fel y bedd; fel llygod

Yn drewi fel Pharo; yn drewi fel ffwlbart; yn ddu fel Pharo
   am rywun brwnt, budr

Yn dywyll fel y fagddu; fel bol buwch; bentan

Yn falch fel paun; yn rhegi fel paun

Yn foldynn fel drogen

Yn frau fel baw gŵr bonheddig yn deillio efallai o oes y
   plastai, yn dangos y gwahaniaeth rhwng bwyd y
   tlodion a'r uchelwyr

Yn ffitio fel maneg ffitio'n dda

Yn glynu fel gele

Yn gors o annwyd annwyd trwm

Yn gwaedu fel mochyn am gwt neu drwyn yn gwaedu'n
   ddrwg

Yn gynnes fel nyth cath

Yn hyll fel pechod

Yn iach fel cneuen; fel cricsyn *(cricket)*; fel y bico

Yn las fel y genhinen am gae â golwg lewyrchus arno

Yn llwm fel llawr tŷ

24

Yn mynd fel trotwm   am rywun aflonydd neu brysur

Yn mynd i'r gwely fel ieir   yn gynnar

Yn peico (neidio) fel mochyn ar reffyn

Yn plygu fel walbon *(whale-bone)*   am rywbeth ystwyth

Yn rhwym fel dafad   *constipated*

Yn sgleinio fel ceille ci yn yr haul

Yn sionc fel pioden   am berson ysgafndroed

Yn sobor fel sant

Yn sych fel bara; wedi sychu'n grimp; fel llawr llofft

Yn tanio fel matsien   am berson gwyllt

Yn wan fel cath; brwynen

Yn wastad fel y ginog (ceiniog)

Yn wyn fel y galchen; camric; eira

Yn yfed fel ych

Yn ystwyth fel maneg

DYWEDIADAU A PHRIOD-DDULLIAU

A geir yn rhad a gerdd yn rhwydd peth a geir heb ymdrech, ni wneir ymdrech i'w barchu a'i gadw

Agor am lawer a chau am ddim *yawn*

Â'i ben fforchog lawr yn iach ac yn heini

Â'i draed dan y bwrdd yn gyfforddus, neu yn agos at y nod, e.e. priodas neu etifeddiaeth

Â'i draed yn lludw yn eistedd ar ben tân (o amser y tân-ar-lawr)

Â'i draed yn sych; un yn gorfod gweddu yn y cwec a throi yn y quarters yn y carchar

Am fod pam yn bod a bod yn pallu yr ateb a roddir i'r cwestiwn 'Pam?', pan nad oes fawr o ateb

Am yr hem yn agos iawn, bron iawn: 'Am yr hem na foddodd e'

Amser mae hi'n un fach mae lladd neidr h.y. mae'n haws rhoi terfyn ar rywbeth yn y dechrau na gadael iddo fynd yn beth mawr

Anodd tynnu cast (arferiad drwg) **o hen geffyl** cyfeiriad at wendid digon dynol o amharodrwydd i newid ffordd neu syniad

Â phleth arno; yn crafu yn o lew yn cael anhawster i ynganu'n glir

Ar bigau drain anesmwyth

Ar ei gyllell dywedir bod pren mesur yn gryf pan yn sefyll ar ei ochr

Ar ei thraed 'Ydy Jên yn dal ar ei thraed?' Holi a yw gwraig wedi rhoi genedigaeth ai peidio

Arf heb fin, dywedir ei fod yn onest h.y. ni wna niwed i ddim

Arian yn llosgi ym mhoced hwn a hwn mae'n eu gwario yn rhwydd

Ar wew; yn ddau ddwbwl a phlet; piso mochyn ar eira rhywbeth yn gam

At y styden am ddyn wedi meddwi

Â thipyn o asgwrn cefn cymeriad solet y medrwch ddibynnu arno

Bachlwyth; baich dyn diog gormod o lwyth

Baw ar bared *sham*

Beth sydd yn waeth na ffaelu?

Beth wyt ti'n berwi amdano? yn clebran

Beunydd a beunos bob amser

Blas tân bwyd neu ddiod boeth iawn

Blodau'r bedd gwallt gwyn

Bois y gambo bechgyn y wlad

Bol y rhiw y ffordd fwyaf anodd i fyny i le serth

Brynta 'i thafod glana 'i thin am wraig arw ei hiaith ond rhinweddol ei gweithred

Bwyd 'dressmaker' (rhag ofn iddi ymgryfhau a thorri'r edau); **pryd main; bwyd teiliwr** pryd i basio pryd sef *snack*

Bwyd yn ei bigo fe; yn llosgi yn ei groen yn llawn direidi neu egni

Bytwch fel llewod bach Ffair Rhos; bytwch, daw bol yn gefen wrth blant

Byw ar y mêl yn y cwch am un sy'n byw ar ei waddol

Cachu llygod Llundain *liquorice comfits,* melysion

Cadodwyn (y gwanaf o gŵn neu foch bach) am rywbeth gwan, diwerth

'Cadw dy fysedd o'r inc 'na' h.y. peidio ag arwyddo dim heb ystyried yn fanwl

Cadw'r ddysgl yn wastad dim gwneud mwy o un nag o'r llall e.e. rhwng dau deulu, efallai yn deillio o'r ffaith mai dysgl â dŵr ynddi oedd gan lawer o'r hen bobl yn lle *spirit level*

Caea di dy geg dy hunan fe geui di geg pawb arall

Cael mordaith cael amser caled e.e. gan gymar

Cael o law galed cael rhywbeth oddi wrth berson sydd yn gyndyn i rannu

Cael pen gair dim ond rhan o'r stori

Camp yw dal tramp adre wrth berson anodd ei gael adre

Cant a mil o bethau i'w gwneud llawer o waith

Canu ar y mesur hir ymestyn stori neu ddweud celwydd

Car drain llusg o ddrain a llidiart trwm ar ei ben. Rhoed tu ôl i dractor a'i ddefnyddio fel oged i chwalu pridd y wâdd gan bobl nad oedd yn perchen oged

Caton pawb; Boeth y bo; Dancio; Asen Adda; Rasmws Dafydd; Yr uwd a redo; Bobol y brensiach; Hollamynedd; O'r arswyd; Ych a finne'n dost; Isrel gwyn; Mam dduwiol; Moses mawr; Och gwae; Grymwedd mawr; Fflamio; Myn cawr i; Och gwared; Weles i naddo fi; Sarno ymadroddion pan nad yw pethau'n dda

Cath mis Mai am blentyn a aned ym mis Mai; **haflo** (llo'r haf) am blentyn a aned yn yr haf

Caws o fol ci yn rhy ddiweddar neu ddim cystal ag y bu

Ceffyl a bôr a bâr am fwyta

Cerdded neu chwilio'r fangre pob man

28

Cerdded y cae hir cerdded y ffordd

Cerrig llanw y bobl sydd yn gwneud y nifer i fyny e.e mewn côr

Ci â'i goes yn y dorch â'i goes yn ei goler i'w arafu

Cic chwannen am rywbeth gwan, diwerth, dibwys

Claps sy'n holi, ffŵl sy'n ateb

Clatshen o ddynes dynes fawr, pladres

Clefyd y bais mercheta

Clefyd y dâs anifail neu ddyn sydd ddim yn cael digon i'w fwyta

Clefyd y pumbys (pum bys y llaw) diofalwch neu esgeulustod

Clewyn *(boil)* **ar din tarw** dim gwerth sôn amdano

Clochdy o ddyn dyn mawr tal

Cloddie o wair trwch ohono

Cloff yw celwydd

Clywed dim amod clywed dim, neu'n fyddar

Clywed y gath yn cerdded clywed yn dda

Codi allan pan fo angladd yn cychwyn o'r tŷ

Codi mwnci dyn am rywbeth sy'n ei gael i hwyl ddrwg, neu'n dod â'r anwar i'r golwg

Codi newyn o'i wâl am fwyd annigonol

Codi gwrthwyneb rhywbeth tröedig neu godi cyfog

Codi hen grachen ailgodi hen gweryl

Codi pais ar ôl piso yn rhy ddiweddar yn gwneud rhywbeth

Codi'r bys bach un hoff o ddiota. Clywais am lestr â dolenni o'i gwmpas y byddai criw o bobl yn rhoi eu bys bach yn y dolenni i'w godi i yfed

Coed achub tân coed bore

Coesau dryw; coesau fainc am ddynes â choesau main

Cofio dim llwchyn am y peth a'r peth wedi anghofio

Cofio dim mwy na'r marw wedi anghofio'n llwyr

Copis (balog) **tincart; copis hwrgi** copis sgwâr efo botymau bob ochr yn cwympo i lawr fel fflap ar drowseri slawer dydd

Corddi llaeth enwyn gwaith dibwrpas, digynnyrch

Corff da iddi am goes ffon sydd yn raenus ac yn syth

Corgi o ddyn hawdd iawn ei groesi, cwerylgar; **fe wnâi gynnen rhwng cardotyn a'i gwdyn; fe gwmpe allan â'i gap,** neu **â'i gysgod**

Cosi ar y clustiau rhywun yn siarad amdanoch

Cosi ar y traed taith i fod

Cosi ar y trwyn rhywun yn eich trin

Credwch hanner o be welwch a dim o be glywch

Croen ei din ar ei dalcen un â golwg gas arno

Cwbwl yn ffenest y siop person yn ymddangos yn urddasol, ond heb ddim wrth gefn

Cwlwm dolen *bow knot*

Cwlwm pump dwrn caeedig

Cwlwm rhedeg *slip knot*

Cwlwm rhy dynn a dyr bod modd gor-wneud pethau

Cwyd di'r gwlân mân, fe godiff y gwlân mân dithe cyngor i fod yn ddarbodus

Cwympad dŵr da efo hwn neu hon am berson coeshir neu dal

Cwympo cyllell neu fforc; clust ci tu chwith allan rhywun yn mynd i alw

Cymanfa o bobol yn y dre heddi llawer o bobl, hefyd **garshwn** o'r Saesneg *garrison*

Cynted o dir darn eang o dir, *an expanse of country*

Cysgu allan heno newydd ei gladdu

Cysgu ci bwtsiwr hanner cysgu

Cywion haul pyst wrth yr haul, *rays*

Charlie ar ei gefn am berson gwargrwm

Charlie yn pwyso teimlo'n ddiog

Chewch chi ddim o'i boeth na'i oer e; dyw e ddim yn berwi na rhostio am gymeriad dwfn

Chlyw e ddim o'r gog fe fydd wedi marw cyn y gwanwyn

Chodwn i mo'i phais hi â phicwarch am ferch annymunol

Chollodd y bore erioed mohoni; y bore pia hi

Chwarae mic-moc person neu anifail anodd ei ddal

Chwerthin llond ei fol chwerthin yn iach

Chwythu gwynt i din rhywun ei frolio er mwyn cael ffafr neu gadw'r ochr iawn iddo

Dal dy ddŵr Paid â gwylltio, cymer amser — o'r bledren (swigen) ddŵr sydd cyn geni

Dal llygoden a'i bwyta hi gorfod byw yn fain, byw o'r llaw i'r genau

Dal tir y lle a'r lle yn ei bori heb ei berchen

Dal trwyn rhywun ar y maen dial arno

31

Dangos y ffon a'r big bygythiad o bethau gwaeth i ddod os nad yw pethau'n dod trwy deg, fel rheol tuag at blant

Dau ben yn well nag un ond pan mae dant yn gwynio

Dau dalu drwg talu ymlaen neu beidio talu o gwbl

Dere yma'r cit-a-weio cellweirus wrth blentyn. Roedd dyn o'r enw Cetawayo yn bennaeth ar y Zulus tua 70au'r ganrif ddiwethaf, sy'n profi bod pethau'r byd yn effeithio ar iaith y werin. Arferid y dywediad gan fy hen-dadcu David Mason o Bontarfynach.

Diddig a di-ofal dim h.y. nad yw perchenogaeth yn fêl i gyd

Digon i dynnu clustiau dyn am sŵn byddarol

Digon i gwympo dyn am rywbeth sy'n drewi'n ofnadwy

Digon o ben blaen efo hwn neu hon un yn gwthio ei hunan i le amlwg

Dilyn y comander; dilyn ei drwyn mynd ymlaen yn syth

Dim cewc ar rywun dim meddwl da ohono

Dim cwec dim sŵn

Dim gobaith *canary* dim gobaith o gwbl (efallai yn deillio o'r arfer o ollwng aderyn i lawr i bwll glo i synhwyro nwy)

Dim gwerth ei halen am rywbeth gwan, diwerth, dibwys

Dim llawer o fol dim llawer o gariad e.e. rhwng dau deulu

Dim llawer o waelod efo hwn neu hon dim egwyddor

Dim tin na phen methu â gwneud synnwyr o sefyllfa

Dim un gyfaredd; dim hog dim un strôc o waith

Dim yn lladd mochyn bob dydd trwydded am rialtwch neu haelioni: 'dwi ddim yn lladd mochyn bob dydd'

Dim yn medru dal ei geirch   dal ei gwrw

Diolch yn dalpe; diolch yn barchus

Dirwyn 'dafedd   cylchdroi bodiau'r dwylo

Diwrnod i'r Brenin   diwrnod heb lawer o waith yn cael ei
wneud

'Doedd dim blaen ar winiadur dyn   h.y. dim ond cylch o
gwmpas y bys

'Doedd dim byw na marw na châi e'r peth a'r peth'   yn
hollol benderfynol

'Does dim angen to ar sgubor wag   cellweirus am un wedi
colli ei wallt

'Does dim lwc o beth menthyg

Dreifo moch   chwyrnu

Drwy ei cheg mae godro buwch   o'i phorthi'n dda mae
gobaith cael mwy o laeth

'Dw i'n mynd i wneud rhywbeth na wnaiff y Gŵr Drwg â
chi, ych gadel chi'   yn gellweirus gan un sy'n gadael tŷ
rhywun

Dwl hen, dwl dyla

Dŵr ar gefn hwyad   dim effaith

Dŵr dan y bont   rhywbeth sydd wedi hen fynd

Dŵr yn berwi'n grychion; yn berwi'n ffrîch   yn wyllt

Dyn diberfedd   am ddyn main

'Dyw drysïen dda i ddim ond i gael ffyrell allan o dwll

'Dyw e ddim yn gwbod ei eni   ddim yn gwybod pa mor
ffodus ydi e mewn gwaith neu fywyd

'Dyw mhen i ddim yn arbed yn nhrâd i   ar ôl anghofio
rhywbeth

33

'Dyw pawb ddim yn gwirioni yr un fath

Dywedir bod modd canlyn chwain ar lawer fferm pan fydd hi'n llwm

Dywedir bod plant yn denu eu magu

Dywedir bod yn rhaid cael tri chymhwyster i gadw tafarn — pen llwynog (cyfrwyster), bol hwch (cymryd popeth) a chynffon sbaniel (yn serchog wrth bawb)

Ddaw broliwr byth yn gampwr

Ddaw dim o ddim

Ddaw dyn grot byth yn ddyn swllt   mae'n anodd i ddyn newid ei safle mewn bywyd

Ddaw e ddim i'r rhyd nac i'r bont   am ddyn neu greadur ystyfnig

Echon gymeryd   dwyn, neu gymryd heb ganiatâd

Ei alw'n bopeth ond dyn   rhegi rhywun

Ei fegin yn ddrwg   ei wynt yn fyr

Eisiau bod yn geffyl blaen   rhywun eisiau cael ei weld

Eisiau clymu pen rhywun   am wneud rhywbeth a ystyrir yn wirion

Eisiau lasbren (crasfa hefo ffon) ar rywun drwg

Eli pen clawdd   pastwn neu ffon. Eli pen clawdd yn ateb i weithred ddrwg gan blentyn neu anifail

Eli trâd whid (hwyaid)   dŵr

Ergyd brad   ergyd gorfforol slei neu annisgwyl h.y. nid ergyd teg

Ers llawer pobiad   ers amser

Esgidiau'r crydd yw'r rhai gwaelaf yn aml   h.y. fod crefftwr yn gweld at anghenion eraill ar draul ei anghenion ei hun

Esgusodwch yn 'French' i ymddiheuriad ar ôl rhegi

Fe ddon nhw at y bwyd cyn daw'r bwyd atyn nhw
am blant neu anifeiliaid sy'n rhai gwael am fwyta

Fe fydd hwn neu hon fyw pan fydd brain yn trigo (marw)
un ffit, glew at fyw, hefyd sgemgar

Fe fydd sôn amdano yn y Beibl nesa am ddigwyddiad
anarferol neu anhygoel

Fe fytwn geffyl rhwng dau fatras eisiau bwyd yn ofnadwy

Fe nabydden i e ym mhig y frân nabod rhywun yn dda
neu o bell

Fe warie swllt i arbed ceiniog dyn yn mynd i'r eitha i
grafu pob ceiniog

Fe werthe groen ei fol 'tae e'n gallu byw hebddo; fe blinge
ei fam am swllt; welwch chi ddim o liw ei bres e; rhy fên
('mean') **i fwyta** am ddyn cybyddlyd

'Fe wnei di well drws na ffenest' cri at rywun sydd yn
eich rhwystro i weld

Fel'na mae pob bwyd yn cael ei fyta nid yr un peth sydd
yn plesio pawb

Fi fawr faglog cyfeiriad at hunan-bwysigrwydd

Fit iawn person prin ei gymwynas

Ffia iddo fe *trust him*

Ffit-ffat cerdded yn fân ac yn fuan

Ffon fugail i gyrraedd at gesail ei pherchennog

'Ffor' mae heddi ?' —**'O, tlawd a balch'.**

Ffrit am rywbeth gwan, diwerth, dibwys

Ffyn (coed) **y rhastal yn agos at ei gilydd; y rhastal yn**
uchel am le gwael am fwyd

Gadael person neu anifail dan sylw peidio â chymryd sylw ohono

Gadael y gath o'r cwd sôn am rywbeth oedd i fod yn gyfrinachol

Gall gŵydd bori yn is na cheffyl. Un creadur a all bori yn is na gŵydd — twrne

Gallu mawr yw gallu peidio

Gallwch roi cic i fochyn pryd mynnoch mae wedi neu'n mynd i wneud drygioni

Gan y gwirion y ceir y gwir

Godro'r fuwch tra bod llaeth efo hi achub mantais

Gofyn yr Haul i'r Cilhaul am fenthyg mae fferm gilhaul yn fwy buddiol drwy gydol y flwyddyn na lle yn llygad yr haul

Golwg ddychwel golwg wael

Golwg sa-nôl ar rywun neu rywbeth golwg wael

Gollwng yn rhidyll bwced sy'n gollwng dŵr

Gormod o bwdin daga gi h.y. gormod o ddim nid yw dda

Gredech na thodde menyn yn ei cheg hi am ddynes ddauwynebog

Gwadnau'n sgidie i disgrifiad o rywun sy'n gymorth mawr: 'hwn neu hon yw gwadnau'n sgidie i'

Gwair ifanc yn dechrau tonno yn y gwynt arwydd o dwf

Gwaith ar wynt dyn neu anifail anhawster i anadlu

Gwanna'r ddadl cryfa'r geirie

Gwas da ond meistr creulon am dân

Gweld ein gilydd ydym ni gweld allanolion heb wybod problemau ein gilydd

Gweld o 'ma draw   o'r fan lle'r ydych yn sefyll, neu o hirbell

Gweld ymhellach na'i drwyn; gweld dros y clawdd   am berson effro at fyw

Gwell himpin na hen stoncin   fe'i dywedid i amddiffyn rhagoriaethau'r ifanc

Gwell un hwde na dau addo

Gwendid yn lleuad hwn neu hon   ddim yn gadarn eu meddwl, neu'n ymddwyn yn ffôl

Gwlychu ei *whistle***; hoff o wlychu ei big; hoff o fynd i'r ffynnon**   am un sy'n hoff o'i ddiod

Gwneud arian fel y mwg   yn rhwydd

Gwneud ei raid; mynd i droi ei drowsus; gwneud job dros ei hunan; talu'r rhent; mynd i'r *House of Lords***; gollwng ei gorff; cael ei weithio; cael ei gorff i lawr**

Gwneud melin ac eglwys; môr a mynydd   llawer o waith, hefyd gwneud *fuss*

Gwneud tan ganu   am wneud tasg sydd yn bleser gennych

Gwneud o'r gore   dod â'r gwaith i ben e.e. 'Os ca'i'r peth a'r peth fe wna'i o'r gore wedyn'

Gwynt clytie yn dal ar dy din di   sylw cellweirus at un i ddweud nad yw fawr o oedran, e.e. i ddechrau caru

Gyrru ar y ci a redo   *Flog the willing horse*

Halen yn wylo   halen yn gwlychu ar ôl bod ar gig am ryw dridiau

Half-boot   yn yr adeg pan oedd pawb yn gwisgo esgidiau cryfion gelwid *shoes* yn *half-boot*

Haliwns o beth   rhywbeth mawr

Haws cofio na dysgu

Haws dweud na gwneud

Heb chwalu heb roi genedigaeth

Heb gysgu'r un llygedyn neithiwr dim o gwbl

Heb un ffado; yn borcyn; heb ddime goch y delyn; dim dwy geiniog i rwbio yn ei gilydd heb ddim arian

Hela tai mynd o dŷ i dŷ i glebran

Hela wowcs 'Cer allan i hela wowcs' — mynd i rywle o'r ffordd neu fynd am dro heb bwrpas penodol

Hen aser; hen sarff am ddynes gas

Hen ben ar ysgwyddau ifanc am rywun ifanc sydd â'r gallu i feddwl yn glir

Hen bilyn yn siŵr o olchi'n lân h.y. mae rhinwedd mewn peth sydd yn *tried and tested*

Hen gopstol uchel dyn tal

Het mynd a dod *deerstalker*

Hirbryd, mawrbryd cael pryd mawr o fwyd ar ôl bod heb fwyd yn hir

Hogi pladur: min hir i ladd gwair, min byr i ladd dyn llai o straen efo min hir

Hollt yn ei fin/min *hare lip*

Hwi efo'r cŵn, Hai efo'r sgwarnog am berson sy'n ddi-ddal ei gefnogaeth

Iach y b'och wrth ffarwelio

Iach yw croen cachgi

Iâr un cyw gwraig ag un plentyn

Ieir pen domen ieir heb fod o unrhyw frid arbennig neu'n gymysgedd o lawer llinach

38

Iro bloneg ar din hwch dew rhywun yn cael a digon ganddo

John Barley'n siarad am un wedi meddwi

Laddodd gwaith neb, ond mae'n gadael ei ôl

Lap 'laru siarad diderfyn

Lwc mwngrel un gwael yn llwyddo rhywfodd

Lwyr ei din yn erbyn ei ewyllys; *breech presentation* ar enedigaeth

Llathen a modfedd yw ffon gerdded (ffon dan law)

Llefen golchad rhywun yn wylo yn hidl

Lle sgwâr; cae sgwâr; cae nos; dôl-dowlod llysenwau ar wely

Lle triga nhw ond lle mae nhw un o gysuron Job, os collid anifail

Llety'r glem lle tlawd am fwyd

Llond drws stabal o geffyl h.y. mawr, gweddus

Llosgi'r gannwyll y ddau ben gweithio'n galed ddydd a nos i ormodedd

Llwybr wenci lle cul

Llwyth mawr ar gert fach am un wedi meddwi

Llygad mochyn rhyw lygad bach slei

Llyncu gweld a deall 'nabod gwneud synnwyr o sefyllfa

Mae ambell ruban yn help i werthu hen gaseg am wraig sy'n 'amlhau mewn dyddiau' ond sy'n ceisio cuddio hynny â dillad a.y.b.

Mae amcan gôf cystal â mesur saer

Mae awr (o gysgu) **cyn hanner nos yn well na dwy ar ôl hynny**

Mae bargen gymell yn drewi   peryg fod rhyw ddrwg ynddi

Mae brest a sawdl gan bolyn tynnu   mae'r sawdl ar waelod y twll ar yr ochr bellaf i'r tynn, a gosodir *stay* neu spwrlas yn erbyn y frest

Mae cawl eildwym yn bwyta yn dda   e.e. os bydd bachgen a merch wedi ailgydio mewn hen garwriaeth

Mae cenfigen yn lladd ei pherchennog

Mae ci yn mynd o' cartre i ladd   mae ambell ddyn yn dangos ei wir gymeriad pan yn ddigon pell o'i gynefin

Mae clustiau mawr gan foch bach   siars i fod yn ofalus wrth sgwrsio yng ngŵydd plant

Mae coed yn tyfu ar ei gyfer e   am blentyn drwg neu ddrygionus

Mae cyw o frîd yn well na chyw o goleg   mae person ifanc sydd ag elfen a gallu naturiol at waith yn well na rhywun sydd â chymhwyster academaidd

Mae digon yn ddigon

Mae diwyd yn difa gwaith

Mae dyn ag un llygad yn frenin ymysg y deillion

Mae dyn yn tynnu ar goler (wrth fynd i fyny) neu'n dal ar ei 'fritchin' (wrth fynd i lawr) o hyd   am le serth. Mae *breeching* a *collar* yn rhan o wisg ceffyl

Mae fory ar ôl heb ei ddechre   pan fo'r dydd yn dod i ben o flaen y gwaith

Mae ffens yn gymydog da

Mae ffordd oddi amgylch pob problem ond gwthio berfa i fyny rhiw

Mae gwaed yn dewach na dŵr, ond ei fod yn berwi ynghynt

Mae hufen yn codi i'r wyneb   mae daioni neu dalent yn sicr o amlygu ei hun er gwaethaf pob rhwystredigaeth

Mae llathen o gownter yn well na chyfer o dir   dywediad a glywid i gymharu bywyd yn y wlad â bywyd un o'r teulu neu gydnabod ar ôl mynd i Lundain

Mae lle hwn a hwn yn well na'i gwmni

Mae llygaid gan ffenestri a chlustiau gan y cloddiau cyngor i fod yn ddarbodus

Mae maint y gwddf i fod ddwbwl mesur yr arddwrn

Mae pawb yn gall tra bod eu ceg ar gau

Mae'n ddigon oer i gario ffon

Mae'n hawdd iawn damsgen ar draed hwn neu hon hawdd iawn eu croesi

Mae'n rhaid fod 'gwyneb' (cheek) efo hwnna i wneud y fath beth

Mae'n well gen i gefn John nag wyneb Tom

Mae'n well i wallt newid ei liw na newid ei le

Mae'r clagwydd yn gwella pan fo'r ŵydd yn gori yn gellweirus wrth un sydd â'i wraig yn disgwyl

Mae'r clochydd am y clawdd   marwolaeth yn agos

Mae'r chwain yn codi allan i bori   am rywun sy'n cosi

'Mae'r plant yma yn gadael y cwbl yn y cwpwrdd isa' h.y. ar y llawr

Mae rhyw dda ym mhob diawl

Mae rhywun â'i grys ar y lein o hyd   mae rhywun â phroblem o hyd

41

Mae sawl ffordd o hela Wil i'w wely; mae sawl ffordd o ladd ci heblaw ei grogi   mae sawl ffordd o oresgyn problem

Mae ysgol profiad yn un dda, ond ei bod hi'n un ddrud

Malio (hidio) dim bwtwm corn; dim twten bobi; dim o'r ffrig

Medrir gwneud defnydd o bob peth ar fochyn ond ei sŵn

Medrwch gloi rhag lleidr, ond mae'n anodd rhoi rhwystr ar ddyn celwyddog

Meddu pwyll, meddu popeth

Meddwl cael sprog   meddwl cael bargen

Meibion yr hwch ddu; bechgyn y botymau   llysenwau ar yr heddlu

Merch y crydd   esgid: dangos merch y crydd i ddyn neu anifail — dim croeso, yn gyfystyr â rhoi cic iddo

Mesur ddwywaith cyn torri unwaith   cyngor i fod yn ofalus

Mesur pawb yn ôl llathen ei hunan   dyna beryg dyn sydd â safon neu ddaliadau ei hunan

Mewn dŵr poeth   mewn trwbwl

Mi fydd pris ar ei groen e' os anghofith e' alw yma heno   am un na fydd yn barchus oherwydd rhyw gamweithred

Moch o'r un hwch; pwdin o'r un badell   dau debyg

Modrwy aur yn nhrwyn hwch   am beth sydd ddim yn gweddu

Molchi, shafo a throi 'nghlustie tu ôl mlân   sôn am baratoi ar frys i fynd i rywle

Mwy o farn na'r saith cythrel   am rywbeth barus

Mynd ar ofyn rhywun   gofyn cymwynas

Mynd ati fel lladd nadroedd yn brysur iawn

Mynd i blu rhywun mynd ynghyd â rhywun yn ddiseremoni er mwyn datrys problemau neu fater o anghydweld

Mynd i boethi 'i ddŵr e/hi rhoi sialens, bod yn gystadleuydd peryg

Mynd i Fflanders mynd i'r diawl: dweud wrth rywun i fynd i Fflanders

Mynd i lygad y ffynnon at wraidd y mater

Mynd y ffordd fyrraf wrth aredig yn syth

Nesa i'r eglwys, pella o baradwys

Newydd fflam newydd sbon

Nid yw'n bwyta nac yn yfed cyfeiriad at gadw erfyn neu ddodrefnyn a fydd ar gael erbyn ei angen

Och yn dy groen di ebychiad cellweirus

Ofynnon nhw ddim os oedd ceg gen i ddim wedi cael cynnig bwyd

O'r dydd byrraf i ddydd Calan dywedir bod y dydd gam ceiliog yn hwy, ac awr fawr yn hwy erbyn yr hen Galan (13eg)

Os bydd y domen yn daclus mae gobaith bod gweddill y fferm yn agos i'w lle

Os collwch chi rywbeth, edrychwch ar y llawr

Os poerwch chi i'r gwynt fedrwch chi feio neb ond eich hunan os daw 'nôl atoch am haerllugrwydd

Os rhoir popeth yn ei le, fe fydd lle i bob peth

'Own i'n gadel/dawyd (credu) mai heddi oedd y peth a'r peth yn digwydd

Pan ddaw hi i gwlwm wedi mynd i'r eithaf, neu pan aiff hi i'r pen

Pan ddaw'r llong fewn pan ddaw cyfoeth neu amser gwell

Pan ŷch chi'n meddwl mai pyst ffens yw polion ffôn, rŷch chi'n mynd yn o gyflym

Pawb â'i fys lle bo'i ddolur

Pedwar math o ordd gerrig; daro; bolion; bren

Peidiwch bod yn ddierth anogaeth i alw heibio'n amlach

Peidiwch cau drws gyda chlep, mae'n sicrach o agor y tro nesaf cyngor pan yn torri perthynas gyda rhywun

Peidiwch chware â phechod rhag ofn i'r diafol fynd yn grac wrth blant sydd yn cellwair

Pen barlat ffurf wrth wau sawdl hosan

Pen clap fyny bod dyn yn iach a heini

Perfeddion nos yn hwyr iawn

Perthyn o'r nawfed ach; perthyn drwy shetin o bell

Peswch cath fach yn annwyl at beswch baban

Peswch nes bod careiau'n sgidie i'n datod am beswch drwg

Peth a'r peth yn siŵr Dduw o ddigwydd yn sicr

Pethau bach sy'n dangos maint dyn

Pethau yn edrych yn o goch dim llawer o obaith, neu yn brin

Peth od yw peth od

Pilen y glust yn cwympo sŵn yn y glust sydd yn amharu ar y clyw

Piso dryw bach yn y môr am rywbeth gwan, diwerth, dibwys

44

Plentyn siawns; plentyn gafodd mam-gu gyda'r forwyn; plentyn ffeindiodd mam-gu ar stôl odro; wedi ei ori allan; plentyn tin clawdd plentyn gordderch

Plisg rhech am beth mor denau fel ei bod bron yn anweledig

Pob peth a geir os na chaiff ei ddwyn

Popeth yma ond gras am siop neu weithdy sy'n llawn o bopeth

Porthi pydrwch am beiriant e.e. a fyddai'n gwneud dyn yn fwy diog er ei fod, efallai, yn hwyluso'r gwaith

Pris rhywbeth yn hallt yn uchel, yn ddrud

Pryd o dafod cael neu roi dwrdiad geiriol

'Pryd ych chi'n codi?' 'Pan fwrw ni'n blinder'

Pryfyn y dom sy'n hedfan ucha am berson o radd isel sy'n ceisio bod yn benuchel a phwysig

Pryn ddafad, pryn dwca eto pryn ddafad wrth fentro, paratoi yn erbyn colled, eto mentro

Prynu rhad, prynu eilwaith

Pwdin toro pwdin a wnaed o laeth toro (*colostrum*) buwch newydd ddod â llo

Pwn mul ar gefen chwannen wedi gorlwytho

Pwt yr aur yn annwyl at blentyn

Pwtsh tin poni pwrs neu god fach o rwber ar gyfer dal baco, wedi'i droi ac yn cau nôl arno'i hunan, *pouch*

Pwy oedd dy was bach di llynedd? at un sydd yn mynnu cael ei dendio o hyd

Pwysa ar dy fwyd cri at un sydd yn pwyso arnoch i sefyll ar ei draed ei hun

Pwyth; mae arna i bwyth i hwn a hwn; talu'r pwyth yn ôl tro da neu ddrwg i gael ei ad-dalu

'R hen dlawd *poor dab*

'R hen ganon ffurf o anwyldeb cellweirus at fachgen

Rhaca dragon rhaca sofl, o bosibl *drag on*

Rhaid cael saith teiliwr i wneud dyn gan fod teilwriaid fel rheol yn bobl wan

Rhaid colli'r pryfyn i ddal pysgodyn does dim gwerth ei gael heb ryw aberth

Rhai'n bwyta, lleill yn torri'u bolie mae rhai yn cael mwy nag sydd ei angen

Rhech mochyn coron (chweugain oedd pris mochyn cyffredin)**; rhech potes maip** am rywbeth gwan, diwerth, dibwys

Rhedeg ras o'r domen i'r das wrth weld plant yn rhedeg

Rhigwm *by guess* am un yn sôn am rywbeth ond nad oedd yn sicr o'i ffeithiau

Rhoi blewyn ynddi bwrw ati o ddifrif at orchwyl: 'Rhowch flewyn yndi nawr 'te bois'

Rhoi croes ar y wal; rhoi carreg ar ben post am ryw weithred gwerth ei nodi

Rhoi lês ar fywyd rhywun ei fod yn iach

Rhoi pilsen i rywun rhoi hint neu'r gwir plaen. Ar ôl i un dderbyn pilsen clywais yr ateb: 'Be gewch chi gan ddonci ond cic?'

Rhoi'r wyau mewn mwy nag un fasged gwasgar y gwaddol rhag ofn i amser drwg ddod i un adran

Rhoi sprag yn olwyn rhywun arafu neu roi terfyn ar ei gynllun

Rhowch chi fochyn mewn parlwr, mochyn fydd e mae ambell ddyn er cael pob mantais, yn methu gwneud daioni

Rhwng dau frawd yn berffaith deg: 'Mae hwnna'n bris teg rhwng dau frawd'

Rhwng dau olau llwydnos neu doriad gwawr

Rhwng dwy stôl mewn sefyllfa anodd a methu penderfynu i ba gyfeiriad i fynd

Rhwng dyn a tharo erbyn y bydd angen

Rhwng y cŵn a'r brain rhywbeth sydd wedi'i ddarnio neu wedi'i wneud yn ddiwerth

Rhwng y rhisglyn a'r pren i ddisgrifio mynd trwy le cul neu anodd, hefyd i gyrraedd nôd er gwaethaf pob rhwystr

Rhy bwdwr (diog) **i dynnu ei gynffon** am geffyl

Rhywbeth adawodd y gwynt mawr ar ei ôl am berson od

Rhywbeth i gadw corff ac enaid wrth ei gilydd am bryd o fwyd

Rhywbeth yn ei fynwes rhyw broblem yn gwasgu arno

Rhywun â 'spatch' go lew yn un da am dynnu gwaith drwy ei ddwylo

Rhywun wedi edrych arno yn gyfystyr â bod rhywun neu rywbeth wedi cael ei ribo (rheibio)

Sborioni bwyd gadael bwyd ar ôl

Sgidie dal adar daps neu esgidiau ysgafn

Sgidie newydd yn gwichian credir nad yw eu perchennog wedi talu amdanynt

Sgiw a setl cadeiriau i eistedd dau neu dri o bobl. Roedd bocs yn gynwysedig mewn rhai i gadw dillad.

Siarad eisws malu awyr, siarad dibwys

Siarad sofol haidd am berson sy'n dweud y gwir plaen a ddim yn gadael llawer heb ei ddweud (h.y. ar ôl torri'r haidd 'doedd fawr o werth ar ôl)

Siop shafings lle anniben

Starchen (ch. Saesneg) riwbob; cyrens; leddro; lasbren; noled; cleren; styrops llysenwau am ergyd neu gurfa

Tatws newydd os bydd y droed yn dod i'r golwg trwy'r sanau dywedir bod 'tatws newydd yn dod allan'

Te brwyn; piso crics; te widw; dŵr wedi ei sbwylio am de gwan

Te padi rhoi dail te yn y cwpan a dŵr arno

Tebyg llwdwn (neu gi) **i'w berchennog** bod dylanwad dyn i'w weld ar ei stoc

Tincied 'methu'n lân â tincied y peth a'r peth' — dod o hyd iddo

Tipyn o ben pupur un sy'n siarad heb sylwedd

Tipyn o boni gwraig ffroenuchel

Tipyn o dwlsen; tipyn o goben; tipyn o haden dynes sydd yn hoffi hwyl

Tipyn o dderyn; tipyn o gob (cob); **tipyn o hadyn; tipyn o robin** am gymeriad bywiog, lliwgar

Tipyn o ddoctor crefftwr neu arbenigwr

Tipyn o gamp i hwnco ddal mochyn am ddyn â choesau bachog (bandy)

Tipyn o golomen am ddynes sydd yn ddiog a blêr gartref ond yn ymbincio oddi cartref

Tipyn o'r sychwr gwair (gwynt) **yn perthyn iddo** dyn yn meddwl llawer ohono'i hun

Trech metel na maint

Trin a thermo dweud y drefn yn hallt

Troi dŵr i'w felin ei hunan gweithio pethau i fod er mantais iddo'i hunan

Troi ei drwyn ar fwyd neu gynigiad ei wrthod

Troi (aredig) **nes i'r clawdd** ymdrech i ennill mwy o bres e.e. ar ôl cael ychwanegiad i'r teulu

Troi'n wag; colli ei draed (hwn o oes y ceffyl) am olwyn car neu dractor yn spinio

Trot hwch at y bâdd *quickstep*

Tro yng nghynffon hwn neu hon yn ddauwynebog

Tŷ bach tŷ heb dir yn perthyn iddo

Tynnu cogen allan arafu

Tynnu pen byr dod â'r gwaith i ben yn sydyn

Tywyllu drws rhywun 'Chaiff e ddim tywyllu'r drws yma eto' — chaiff e ddim dod yn agos i'r lle; 'heb dywyllu drws y capel' — byth yn mynd yn agos i gapel

Thynnwch chi ddim dyn wrth ei deulu mae tebygrwydd yn para o un cenhedlaeth i'r llall

Uchel ei gloch person swnllyd

Un drwg/ddrwg am hau am berson sydd yn cario clecs o un tŷ i'r llall (lledaenu storïau)

Un yn byw ym mhoced y llall am gymdogion neu gymdogaeth glòs iawn

Un yn fwy, un yn llai am ben-blwydd

'Waeth boddi yn y môr nag mewn cwpan shato

'Waeth trïo godro buwch hesb dywedir wrth geisio yn ofer cael gwybodaeth gan berson cyndyn

'Waeth un gair na chant; 'waeth hynny na pheidio; 'waeth tewi na chwalu

'Wede fe ddim celwydd i arbed ei fywyd

Wedi agor ei lyged e wedi dangos rhywbeth iddo neu ei wneud yn ymwybodol o ryw ffaith bwysig

Wedi cadw'r brych a thaflu'r llo am ddyn hyll

Wedi cael ergyd nes oedd e'n suo

Wedi cael gormod o laeth y fuwch goch am ddyn wedi meddwi

Wedi cael llond bol wedi cael digon, nid bwyd o anghenraid

Wedi cael modd i fyw am un sydd wedi cael rhywbeth wrth ei fodd

Wedi codi'n fore ddiwrnod y rhannu allan am rywun â thrwyn neu glustiau mawr, ac os yn brin o rywbeth, ei fod y tu ôl i'r drws

Wedi colli ei law ddim yn medru gwneud ei grefft neu waith gystal ag y bu

Wedi chwalu wedi rhoi genedigaeth

Wedi chwech arno yn rhy ddiweddar

Wedi chwyddo'n bac (efallai o'r Saesneg *pack*) am gorff dyn neu anifail â chwyddu arno

Wedi difaru gwallt ei ben

Wedi dod at ei goed wedi dod at ei synhwyrau (am ddyn ac anifail)

Wedi eu magu mewn cae; ddim wedi bod yn Llunden ddim yn cau drws ar eu hôl

Wedi ffromi wedi digio

Wedi gweld hoelion sgidie hwn a hwn wedi ei daro i'r llawr

Wedi gweld mwy o amser bwyd na bwyd am berson tenau

Wedi gweld mwy o'r peth a'r peth na welaist ti o datws mân

Wedi gweld yr haul yn sheino ganol nos dyn yn sôn ei fod wedi cael ambell sbri pan oedd yn iau

Wedi'i dal hi am un wedi meddwi

Wedi 'laru wedi cael digon ar sefyllfa

Wedi mynd at ei dadau; wedi rhoi ei gownts yn yr offis wedi marw

Wedi mynd i darw ar goll. Roedd buchod tyddynnod bach yn dianc i chwilio am darw

Wedi mynd i dir go bell dyn neu anifail mewn cyflwr drwg iawn

Wedi mynd i'w gwd wedi pwdu

Wedi mynd yn domino i'r pen neu i'r diwedd

Wedi mynd yn drâd moch yn gawdel

Wedi mynd yn ffliwch yn ddim

Wedi mynd yn gynhaeaf rhedyn ar rywun yn ddiweddar, y cynhaeaf olaf e.e. dau mewn oed yn priodi

Wedi mynd yn sgrech wedi mynd i'r pen

Wedi mynd yn stwmp ddim yn gwybod beth i'w wneud (o'r Saesneg *stumped)*

Wedi mynd yn swch swmbl wedi mynd i'r pen, neu yn gawdel

Wedi pasio'n uchel efo'r pensil am rywun yn rhoi pris uchel ar waith neu nwyddau

Wedi rhoi ei het ar yr hoel wedi setlo ar ffordd o fyw e.e. priodi

Wedi rhoi mân (maen) melin am ei wddwg wedi ymgymryd â thasg neu ymrwymiad anodd cael ei gwared

Wedi sefyll yn stond yn hollol lonydd

Wedi torri wedi mynd i edrych yn wael

Wedi torri asgwrn ei chefen ar ôl cael yr afael drechaf ar dasg

Wedi tyfu yn erbyn y gwynt am berson gwargam

Wincad llygad llo amrantiad

Wirionedd i llw o eirwirder

Wnaeth e ddim lled ei din heddi dim llawer o waith

'Wnawn i 'mo 'musnes yn yr un cae ag e' dim eisiau ymwneud â rhywun

Wrth sôn am y 'nhw' yn dweud peth a'r peth clywais ddweud eu bod 'nhw' yn deulu mawr ac yn rhai celwyddog

Ŵyn yn dod yn ffacse yn aml ac ar draws ei gilydd

Y bibell fwyd y gwddf

Y dall yn tywys y dall dim un math o arweiniad

Y drwg ei hun a dybia arall

Y ddaear yn tynnu ati cellweirus at un sydd wedi syrthio neu'n gorwedd

Y gair casa'n gyntaf am rai sy'n hoff o roi snap ar ddechrau sgwrs neu gyflwyniad

Y llwyth wedi troi   am un meddw sydd wedi syrthio

Y llygaid yn fwy na'r bol   trachwant am fwyd

Y procer uffern   yr un oedd yn cadw'r ffrae ar fynd: 'hwn neu hon oedd y procer uffern'

Y tai mawr 'na   tafarnau

Ych a finne'n dost   ebychiad am rywbeth sy'n wrthun

Yfed cwpaned ar ei dalcen   ar frys

Yfwch lawr, mae mam yn dre   anogaeth i fwynhau gan fod dim un rhwystr

Yn berwi o chwain   e.e. am gi sydd â chwain yn drwch arno

Yn cario'n dda   dywedir am goes ffon neu goeden sy'n cadw ei thrwch o un pen i'r llall

Yn cau fel llyfr   disgrifiad o rywun yn cael ergyd yn ei fol

Yn ceibio eisiau bwyd   efallai o oes y ceffyl a ddangosai ddiffyg amynedd drwy geibio â'i draed blaen

Yn chwerthin yn dy wyneb a phiso yn dy boced   am berson hollol ddauwynebog

Yn dafod deg   person ffals

Yn dangos ei ddannedd   yn dangos ei oed neu ôl traul. Hyn yn deillio o'r ffaith bod dafad oedrannus â dannedd hirion yn eu harddangos rhwng ei gweflau

Yn dawnsio yn nhraed ei sane   yn grac neu wedi gwylltio

Yn drewi'n dalp   am rywun brwnt (budr)

Yn ddigon mawr i alw 'chi' arno   am berson o faintioli anghyffredin

Yn ddim ond llyged a sgidie   dyn main

Yn ddwl bared   yn wirion iawn

Yn feddw gaib; yn feddw dwll; yn gocls; yn mesur y fffordd   am un wedi meddwi

Yn foddfa o chwys; chwys diferol

Yn frenin i'w gymharu   sef ei fod yn llawer gwell

Yn glwc   ddim yn teimlo'n hwylus

Yn 'llwmpro'i' fwyd   yn traflyncu

Yn llyncu popeth   rhywun sy'n gwrando'n astud, cymryd y cwbl i mewn

Yn pysgota   yn ceisio chwilio allan

Yn sutren wlyb; yn sopen sarn; yn wlyb domen   gwlyb dyferu

Yn sych gorcyn

Yn ŵr gwraig   yn briod

Yn wyllt wibwr   yn gandryll o'i go'

Yn yfflon grybibion; yfflon gareuon; yfflon jibidêrs; yfflon racs

Yn y pen gwario   gwario o hyd

Yr un boerad ag e   dau debyg

Yr un oed â bys fy nhroed, a 'chydig hŷn na 'nannedd   ateb y sawl na fynn ddatgelu ei oed

Yr un un bia'r ceirch a'r march   e.e. petai dafad yn bwyta egin ei pherchennog, ni fyddai ar ei golled yn gyfan gwbl gan mai ef fyddai yn elwa ar fraster y ddafad

Ysgafn lwyth garia lawer

ARFERION

Ar adeg o dlodi os gwelid dau grys neu ddau drowsus wedi'u golchi, roedd yn arwydd bod eu perchennog yn sâl yn ei wely

Arferid codi arch y sawl a gyflawnodd hunanladdiad dros fur y fynwent yn hytrach na'i gadael i fynd i mewn trwy'r llidiart

Cedwid adain gŵydd i lanhau'r tŷ

Cedwid dŵr glaw cyntaf mis Mai mewn potel at olchi'r llygaid

Credid bod dail tafol yn lles ar losg dail poethion

Credid y dôi defnydd i bopeth dim ond ei gadw am saith mlynedd

Cymysgid nod gwlân defaid â chalch er mwyn rhoi lliw ar dai

Defnyddid colsyn oer i lanhau nodwydd rydlyd

Defnyddid llaeth i lanhau lloriau cerrig

I brofi a oes lleithder mewn pilyn, twymer o flaen tân a'i roi yn sydyn ar wydr oer; os oes ôl, mae'n llaith

Mae'n arfer, pan fo annwyd yn y tŷ, torri winwnsyn yn ei hanner a'i osod ar sil y ffenestr neu'r sil pentan i ddal yr haint

Mae pob pren yn hollti'n well yn groes i'r ffordd y tyfodd ond onnen

Pan fydd dafad yn wael iawn cynigir dail iorwg (eiddew) iddi gan fod eu blas yn ei hannog i fwyta a chryfhau

Siwgr ar dân i'w helpu i gynnau, halen i'w ddiffodd

RHIGYMAU

Beth? Teth.
Pwy deth? Teth buwch.
Pwy fuwch? Buwch yn cae.
Pwy gae? Cau dy geg!

Blwch bach yng nghoed y nant
Gall un ei hagor, ei chau nis gall cant.
    Cneuen

Bob yn beth a bob yn dipyn
Syci fys i din gwybedyn.
    Dywedir hyn pan fo angen pwyll ac amynedd at
    dasg

Boed ei fys (ail fys ei droed) yn hwy na'i fawd
Oddi wrth hwn y cadwed pawb.
    Dyn cas

Bwytewch a byddwch lawen,
Canys fory, marw fyddi fel llygoden.
    Cymhelliad i blant i fwyta.

Came mân sbatcha dir
Came mawr a gwmpir.
    Yn araf bach yr eir ymhell

Ceir aur o dan y rhedyn
Arian dan yr eithin
Ond tan y grug ceir newyn.
    Sôn am ansawdd pridd

Coch yw'r ceffyl gore,
Coch am gadw'i liw
Os caiff y coch chware teg
Mae'r coch yn siŵr o fyw.

Cyn lladd y llau ym mhen y plant
Rhaid lladd y nedd yn fil a chant.

Cynta cân y cogydd
Ar fawnog ar y mynydd.

Diwedd menyn bwyta wedyn;
Diwedd bara diwedd bwyta.

Drwy chwys dy wyneb bwytei fara,
Drwy chwys dy dalcen bwytei gacen.

Dwmbwr, dambar
Lawr o'r siambar
    Am rywun sy'n gwneud sŵn mawr yn y tŷ

Fe ddaw hi eto'n well na hyn,
Os na ddaw tatws, fe ddaw chwyn.
    Pan fo pethau yn mynd o chwith

Fory, fory, Siôn y crydd —
Fory Sionyn fyth a fydd.
    Am un sydd yn addo peth a'r peth erbyn fory

Hanner call yw'r calla,
Mae modd i hwnnw wella.

Hanner mis Chwefror,
Hanner yn ogor.
    Hanner y porthiant ar ôl

Hirbryd wna fawrbryd,
Mawrbryd wna gywilydd.

Hir wrth ei fwyd
Hir wrth ei waith.

Hir y cadwo'r drwg ei was
Ond brwnt a chas yw'r diwedd.

Hwya byd bydd dyn byw,
Mwya wêl a mwya glyw.

Ladi fach goden goden
Bol o garreg, coes o bren.

Eirinen

Lle'r ŷch chi'n byw?
Ym mocs y sgiw.
Lle'r ŷch chi'n cysgu?
Dan glwtyn llestri.

Mathew, Marc, Luc a Ioan
Actau bach ar ben i hunan,
Mathew, Marc, Luke a John
Actau bach ar bwys ei ffon.

Methodistiaid creulon cas
Mynd i'r capel heb ddim gras;
Gwerthu'r seti i bobol fawr
Tlodion 'n eistedd ar y llawr.

Os na chwysi wrth hogi
Fe bibi wrth dorri.

Mae paratoi erfyn at waith yn talu bob tro

Paid mynd â'r peth i gyfraith
Ti heli bethau'n wâth
Fe gei y cyrn a'r gynffon
Ond y twrne geiff y llath.

Pan gwymp y cawr
Mae'r gwymp yn fawr.

Pan gyll y call
Fe gyll ymhell.

Petai a phetasai
Fydde dim byd yn eisiau.

Peth meddal yw meddwl
Heb fod yn siŵr
Mae llawer i wraig
Wedi twyllo'r gŵr.

Twt twt smoneth yr iâr wen
Dodwy allan, domi ar y pren.
    Dywedir am rywbeth yn cael ei wneud o chwith

Y cynta gododd gollodd ei le
I'r pwdryn gael lle i eiste.

Yr hen a ŵyr
Yr ifanc a dybia.